Remarques, ſur le dernier Suplément du Grand DICTIONNAIRE Hiſtorique & Géographique, imprimé à Paris en 1735. *par M. Rocques, Miniſtre françois a Baſle.*

Quoiqu'il y ait deux ans que ce Suplément, promis avec tant d'emphaſe, & attendu pendant long-tems, ſoit ſorti de deſſous la Preſſe, il n'y a que quelques Semaines qu'il m'eſt tombé entre les mains. J'ay été fort curieux de feuilleter ce nouveau recueil, & de voir ce qu'il diſoit des Editions de Bâle qui n'ont pas eu le bonheur de plaire aux Libraires de Paris. Il m'a été facile d'apercevoir, que l'Auteur du Suplément parle le langage des Libraires irrités & que ſa plume ne ſert pas mal leur paſſion.

Il fait mention de l'Edition de Bâle dans deux endroits de ſa courte Préface. Dans le prémier paſſage il met cette Edition fort au deſſous de celle de Paris de 1732. imputant à la prémiére d'avoir copié juſques aux fautes l'Edition de Paris de 1725. *la moins exaſte*, dit il, *de toutes celles qui ont paru.* En liſant cette déciſion magiſtrale, on s'imagineroit que l'Edition de Bâle n'eſt qu'une copie ſervile de la plus mauvaiſe Edition que les Pariſiens ont donnée, & par conſéquent qu'elles ſont également mépriſables. Cependant l'A. du S. avouë plus bas, qu'il a pris *tout ce que l'Edition de Bâle peut contenir d'intéreſſant, dans ce qu'elle a ajouté de nouveau.* Mais afin que le Public ne crut pas que l'A. du S. eut la moindre obligation au travail des Etrangers, il ajoute que le ſuplément qu'il donne *contient tout cela d'une maniére plus utile, parce,* dit-il, *que nous n'avons rien pris ſans l'avoir examiné . . . . . . Nous avons tout peſé & tout vérifié, de peur d'adopter les erreurs des autres, en nous conformant trop ſervilement à leurs recherches.*

Voila qui va bien, m'écriai-je, je vous loüe ſavant & judicieux Compilateur, pourvû que vous nous teniés parole. Mais eſt il bien vrai que vous ayés fait entrer dans vôtre Suplément tout ce qu'il y avoit d'intéreſſant dans l'Edition de Bâle, & que vous n'en ayés rien pris qu'après l'avoir examiné & réformé?

Là deſſus je commençai à parcourir ces deux petits Folio, en cherchant, ſans obſerver aucun ordre, ſi les Articles des grands Hommes en tout genre, & certains morceaux d'Hiſtoire aſſés conſidérables, que nous avions inſérés dans l'Edition de Bâle, ſe trouvoient auſſi dans le nouveau Suplément.

J'y cherchai vainement *Boukingham*, (Edouard). *Buxtorff,* (Jean Jaques). *Calamy,* (Edmont). *Cade,* (Jaques). *Merlat,* (Elie). *Merian,* (Matthieu). *Conſenſus velvétique. Caleb Abba. Syncrétiſtes. Charles III. dit le Gros,* Empereur. Pluſieurs Articles ſur les Bibles. *Bibliothéque de Ptolomée. Commerce dans les Indes Orientales. Chameau,* (Sacrifice du). *Chriſtophle,* (Bernard). *Chriſtophle,* (Ordre de St.) *Chevaliers Péruviens. Merci,* (François, Baron de). *Cour conſiſtoriale. Criton,* (Guillaume). *Compagnie des Anglois pour le Commerce. Concordances de la Bible. Chalais,* (Henri, Marquis de). *Ecoles ou Academies des Juifs. Rapine* (la). *Dordrecht,* (Synode de). *Dorſchée,* (Jean George). *Dori,* (Marie Victoire Delphine). *Canaye Jéſuite. Jetzer,* (Jean). *Charles,* Electeurs Palatins. *Charles,* Archiducs d'Autriche. *Charles,* Marggraves de Bade. *Charles,* Comte & Prince de Mansfeld. *Charles Emmanuël* de Savoye. *George,* de la famille de Podiebrad de Cuniſtadt. *George,* Evêque de Syracuſe. *George,* la Société de St. George. *Points voïelles. Poudres,* (Conſpiration des). *Indices expurgatoires. Impoſteurs. Imprimerie de Conſtantinople. Loth,* (la femme de). *Luther,* (Paul). *Hyglanders. Gernler,* (Luc). *Froment,* (Antoine). *Jeſus,* fils de Pandera. *Smalcalde,* (Guerre de). *Silures. Roſe d'or. Roſe,* (la famille des Comtes & Barons de). *Roſe,* (Reinhold de) *Roſe,* (Conrard de). *Rottembourg,* famille. *Guignard,* (Jean). Cette liſte, que je me laſſe d'augmenter, n'eſt qu'un fort petit échantillon des Articles que le nouveau Suplément n'a pas daigné tirer de l'Edition de Bâle. L'Auteur répondra peut être, d'un ton Cavalier, que tout cela n'eſt point intéreſſant. Sur ce pied que d'Articles ne feroit on point ſortir de ſa longue compilation!

Le Moréri n'eſt pas moins un Dictionnaire Géographique qu'Hiſtorique; auſſi dans l'Edition de Bâle on a tâché de bonifier la Géographie des Editions précédentes par un grand nombre de corrections, d'amplifications, & d'Articles nouveaux. Le Suplément ne s'eſt nullement mis en peine de corriger la plûpart des fautes que l'Edition de Bâle avoit enlevées, & qui ſont en plus grand nombre que l'Auteur du S. ne ſe l'imagine; ni de profiter des Additions conſidérables qu'on avoit fait à divers Articles. Citons en quelques exemples. *Suiſſe. Zurich. Berne. Bâle;* en un mot tous les Cantons. *Neufchâtel. Vallangin. Lauzanne,* ville. *Leman,* lac. *Lima. Lodéve. Griſons. Lancaſtre, Duché d'Angleterre. Virginie. Smalcalde. Smyrne. Samos. San-Salvador. Saltzbourg. Roſenbourg. Rotenveil. Rome. Copenhague. Conſtance. Merindol. Babylone. Nil,* fleuve. *Nimégue. Minden. Mingrelie. Morat. Payerne. Mulhauſen. Caroline.* Ces Articles choiſis au hazard, ſuffiſent. Outre cela l'Auteur du Suplement a omis la meilleure partie des Articles nouveaux de Géographie qui ſont en grand nombre, tirés de bons Auteurs,

& la plûpart utiles & curieux par l'Hiſtoire qu'ils renferment. *Lauzanne, Evéché. Lichtenberg, Comté. Liegnitz, Ville. Liegnitz) la Principauté de) Ligonous, Province. Laüvenſtein. Lincolnshire. Florentin, Province d'Italie. Frickthal. Landscron. Jerſei le nouveau. Voigtland. Volhinie. San-Jago, Copais. Chiras. Chaîne. Mongibir.* On pourroit en ajouter pluſieurs centaines, comme il ſera aiſé de s'en convaincre ſi l'on veut prendre la peine de confronter l'Edition de Bâle avec le nouveau Suplément.

Ayant aperçu que l'A. du S. tâchoit, en divers endroits, d'ajouter quelques faits aux Articles qui ſont trop défectueux dans les Editions de Paris de 1725. & de 1732. j'ai eu la curioſité d'examiner s'il avoit tiré de l'Edition de Bâle un grand nombre d'Additions eſſentielles répanduës dans tout le Corps du Dictionnaire. Mais j'ai découvert, avec ſurpriſe, qu'il les avoit preſqu'entiérement négligées. L'Editeur de Bâle s'étoit picqué de donner une juſte étenduë à divers Articles des Réformateurs & de différens Savans du parti Proteſtant qu'on avoit étrangement circoncis & chargés de fauſſetés dans l'Edition de Paris de 1725. Tout cela, ou peu s'en faut, eſt négligé dans le nouveau Suplément. Cependant on n'a qu'à conſulter les Articles ſuivans pour voir ſi l'A. du S. n'auroit pas mieux fait d'en tirer parti, au moins s'il a prétendu faire uſage de tout ce qu'il y a d'intéreſſant dans nôtre Edition, d'ailleurs ſi contemptible à ſes yeux. Je ne citerai qu'un très petit nombre d'éxemples en comparaiſon de ceux que je pourrois alleguer. *Hus, Jean. Farel, Guillaume. Calvin, Jean. Zvvingle, Ulric. Oecolampade, Jean. Luther, Martin. Melanchton, Philippe. Viret, Pierre. Haller, Berchtold. Bullinger, Henri. Bucer, Martin. Cramer ou Cranmer, Thomas. Daillé, Jean. Bochart, Samuel. Jurieu, Pierre. Boſc,* (Pierre du). Car ce que l'A. du S. en dit n'eſt preſque rien en comparaiſon de ce qu'il pouvoit tirer de l'Edition de Bâle. On peut dire la même choſe ſur les Articles *Claude, Jean.* & *Béze,* (Théodore de).

Peut être que l'averſion que l'A. du S. marque par tout pour ceux qui ſe ſont ſéparés de l'Egliſe Romaine l'a aveuglé juſques au point de croire que tout ce qui regarde ces Savans n'eſt pas digne d'être rapporté. Mais pourquoi néglige-t-il des additions conſidérables qui ne concernent que l'Hiſtoire ancienne, & qui n'intéreſſent en rien la Région. Citons: *Arminius, Hermann. Comices. Conclave. Boukingam, Comté & Famille. Garnet, Henri. Grégoire VII. Pape. Imam. Imprimerie Royale. Jean XXIII. Pape. Limborch,* (Philippe de.) *Gray, Jeanne. Jeanne, Reine de Navarre. Jean de Leyden. Jean ſans terre, Roy d'Angleterre. Rodolphe I. & Rodolphe II.* Empereurs. *Guillaume III. Roi d'Angleterre. Voſſius, Gerard Jean. Sertorius. Servet, Michel.* Car ce que le Suplément en a pris n'eſt preſque rien comparé avec ce qu'il a omis.

Ce n'eſt pas que l'A. du S. néglige les petites Additions, & les plus legéres corrections lors qu'il peut les tirer d'ailleurs. On le voit très ſouvent fort ſoigneux de remarquer qu'on doit ajouter aux Editions de 1725. & de 1732. (car elles marchent preſque toûjours enſemble, preuve de leur uniformité) une date, un Ouvrage de quelque Auteur, ou quelque fait ſouvent aſſés peu important. Il devoit donc ſuivre par tout la même méthode, ou éviter de nous dire, d'un ton aſſuré, qu'il a tiré de l'Edition de Bâle tout ce qu'elle a d'intéreſſant.

Après que j'ai été bien convaincu que l'A. du S. en impoſe lorsqu'il avance qu'il a tiré de l'Edition de Bâle *tout ce qu'elle peut contenir d'intéreſſant.* J'ai voulu examiner s'il y a plus de réalité & de ſincérité dans ce que le Savant Continuateur ajoute, que le Suplément contient tout ce qu'a tiré de nôtre Edition *d'une maniére plus utile, parce qu'on n'en a rien pris ſans l'avoir examiné.* Cela ſemble ſignifier que l'Auteur François a bonifié les Articles qu'il a empruntés du Dictionnaire de Bâle, & qu'il en a corrigé diverſes fautes. S'il l'avoit fait, le Public lui en ſeroit obligé; mais voici ce que j'ai trouvé ſans de grandes recherches.

1°. Qu'il y a divers Articles qu'il a donnés ſans aucune correction ni dans les faits, ni dans les noms, ni dans les dates, mais qu'il a tronqués ſans aucune néceſſité. Je n'en citerai qu'un petit nombre. *Anne, Reine d'Angleterre. Cunitz. Chouet, Jean Robert. Buddeus, Jean François.* Cet Article ſe trouve dans les Additions au ſixiéme tome de l'Edition de Bâle. Eſt ce rendre cet Article plus utile de remarquer que Buddée *naquit & vécut dans le Sein de l'Héréſie qu'il profeſſa juſques à ſa mort?* N'étoit-il pas plus naturel de dire qu'il étoit Proteſtant? Mais l'A. du S. omet peu d'occaſions de prodiguer les titres d'Hérétiques, d'Héréſiarque, d'Apoſtat. Ce ſont là ſes remarques utiles lorſqu'il parle de nos Auteurs & de leurs Ouvrages. Il donne à cet égard dans un tel excès que nous nous réſervons d'en parler dans un Article à part.

Ajoutons encore quelques Articles dont il a eſtropié l'Hiſtoire bien loin de la perfectionner. *Burnet, Gilbert. Kolb, François.*

)(

François . Merula , *Ange. Calendes (les Frères des). Caab.* Où pour toute ammélioration on fait cette importante remarque que l'Alcoran *un ouvrage fécond en impietés & en rêveries.* Voilà ce qu'on appelle donner les Articles d'une manière plus utile! L'Article *Hôpital* , (*Guillaume François Antoine de l'*) , est tronqué dans ce qui regarde son ouvrage des infinimens petits. L'A. du S. devoit d'autant plus être exact sur cet endroit, que ces faits sont puisés dans des sources vivantes , qui savent bien comment les choses se sont passées à cet égard. *Marnas* a été copié mot à mot. *Burnet , Thomas* , est aussi tiré de l'Edition de Bâle sans addition , ni correction. Mais comme dans l'Edition Bâloise on n'a pas fait mention , parce qu'alors nous n'en avions aucune connoissance , du livre de Burnet touchant *l'état des morts & des ressuscitans* , traduit de l'Anglois par Mr. Jean Bion , Ministre de l'Eglise Anglicane , imprimé à Rotterdam 1731. l'A. du S. n'a garde d'en parler. *Cabrera* (*Dom Bernard de*) , est mutilé par rapport à divers faits & aux autorités dont on l'apuïe. C'est ce qui arrive très souvent à nôtre très exact Compilateur , qui examine tout de nouveau & avec soin. Il est vrai qu'en échange on trouve dans cet Article cette phrase digne du siècle de Marot , que le Roi *déclara dans son Testament que Cabrera avoit été fait mourir injustement.*

2°. Je n'ai pas simplement trouvé des Articles tronqués dans les faits essentiels , & dans les autorités dont ils sont apuïés , mais de plus il y en a plusieurs où l'A. du S. ou ses Copistes , ont inséré des fautes. Dans l'Article *König , Emanuel* , on dit qu'il épousa *Veiss* , or c'est là un nom de famille ; König n'épousa pas toute la famille. Il faloit dire *Ursule Veiss ;* comme on l'avoit devant les yeux. Dans l'Article *Davel , Jean* , on met le *Lac de Leiman* pour le *Lac Leman* , *d'Aubretan* pour *d'Aubrecan.* Dans l'Article *Rodolphe , Jean* , on dit qu'on a *de lui un Volume in Fol. de Sermons en Allemand* , *publiés en* 1719. *in* 4°. *après la mort de l'Auteur.* Que veut on dire par ce *Folio publié in* 4°. c'est un galimatias ou une énigme. À la fin de cet Article on nous dit , *voïés la Bibliothèque de Berne pour l'Année* 1720. *en Latin.* Le pénétrant Compilateur a prétendu sans doute faire ici une correction fort utile , en mettant *Berne* pour *Brème.* Mais malheureusement cette Bibliothèque de Berne est imaginaire.

Dans l'Article *Pictet* , *Bénédict* , il y a quelques fautes. 1°. On y assure qu'il a fait l'oraison funèbre *d'Alphonse Turretin* , qui n'est mort que depuis peu , & plusieurs années après Mr. Pictet. Il faloit dire de *François Turrettin.* 2°. On dit que la Théologie de Mr. Pictet a été imprimée en 721. pour 1721. Enfin cet Article est essentiellement tronqué ; mais c'est la faute de Mr. Pictet , pourquoi n'étoit-il pas Janséniste ? Dans l'Article *Zvvinger* , *Jean Rodolphe* , on dit qu'il étoit très prévenu pour les opinions de sa Secte. Est ce donc que l'A. du S. l'a connu ? A-t-il lû ses Ecrits ? D'où a-t-il donc apris la disposition d'ésprit de Zwinger ? S'il ne veut dire autre chose si ce n'est que le Théologien Bâlois étoit très attaché à la créance des Réformés , on ne dit rien qui ne soit commun à tous les Protestans qui ont de la Religion. Dieu soit loué ! Le Déïsme & l'Athéïsme n'ont pas fait des progrès dans le Clergé Réformé , comme cela est arrivé dans le Clergé Romain , si nous en croïons les plaintes de plusieurs Catholiques , entre lesquels nous ne plaçons pas même l'Almanach du Diable , digne fruit du zéle Janséniste. Dans l'Article *Cabrera* , (*Bernard de*) , outre qu'il est mutilé , on y fait deux Auteurs de *Laurent Valla.* Voici la Citation telle qu'elle est au bas de l'Article. *Laurent. Valla de Ferdinand* , *l.* 2. Au lieu de dire *Laurent. Valla de Ferdin. l.* 2. c'est à dire , *Laurentius Valla de Ferdinando* , *l.* 2. (*où est la différence ?*)

L'Article , *Synodes Nationaux de France* , n'a été tiré que de l'Edition de Bâle , & sûrement l'A. du S. ne l'a pas confronté avec les sources. Aussi bien loin de l'amplifier , comme cela étoit très aisé , il l'a mutilé en plusieurs endroits , & y a inséré des fautes. Au cinquième Synode il met *Ministres* pour *Fidéles.* Dans ce passage on avertit les *Ministres* de ne point assister aux exhortations de Charles de Moulin. Ce sont les fidèles qui reçurent cet avertissement , & la chose parle d'elle même. Dans le Synode 17. l'A. du S. y met à la vérité du sien , mais ce sont des invectives qui lui coutent peu. C'est à l'occasion des Thèses de du Ferrier , où il avoit apellé le Pape *Antechrist.* Le zéle du Compilateur s'échauffe jusques à traiter cette Doctrine *d'impie.* Hé ! quoi , ignore-t-il le *perdam Babylonis nomen* ? Et que Grégoire a dit de celui qui prendroit le titre fastueux d'Evéque Oecuménique ? Au Synode 21. il met *Jean Girard* , pour *Jean Gigord* , il étoit Pasteur & Professeur en Théologie à Montpelier. Au Synode 22. on n'a garde de raporter la réponse gracieuse que le Roi fit aux Députés du Synode. *Si vous continués* , leur dit il , *de me servir fidèlement , vous pouvés bien vous assurer que vous avés un bon Roi en moi , & que je vous préserverai selon mes Edits.* Enfin entre plusieurs autres omissions essentielles l'A. du S. supprime au Synode 29. la lettre que le Cardinal de Mazarin écrivit aux Ministres assemblés. La voici.

„ Vos Députés m'ont délivré la Lettre que vous avés pris la „ peine de m'écrire. Je vous remercie de vos civilités , & je puis „ vous dire que Sa Majesté étant bien persuadée , comme elle „ l'est en effet de vôtre fidélité inviolable , & de vôtre zéle à son „ service , il étoit inutile que vous fissiez mention des services „ que je puis vous avoir rendus auprès de sa Majesté. Je vous „ prie de croire que j'ai une grande estime pour vous , comme „ vous le méritez , étant si bons Serviteurs & Sujets du Roi. „ Tout cela est trop glorieux aux Réformés pour que l'A. du S. le publie. C'est ainsi qu'il suit les Loix de la fidélité historique , & qu'il rend plus utiles les Articles qu'il insère dans son Recueil.

Nous avons fait diverses remarques sur les Articles *Turrettin.* 1°. L'A. du S. fait mourir *François Turrettin* à Zurich[†] , au lieu de dire *à Geneve.* 2°. Il écrit *Brem* , pour *Brème.* 3°. Il se sert du terme de *Ministériat* , à la place de celui de *Ministère.* Je craindrois de me tromper si le P. Bouhours n'avoit condamné cette expression. (Voïés le Richelet de Hollande ou de Bâle.) 4°. L'A. du S. suivant sa méthode fait ici diverses remarques fort inutiles. 1°. En parlant de la réponse de François Turrettin au *Chanoine d'Aneci* , il observe savamment que *c'est un écrit de Controverse.* Hé ! qui pouvoit en douter ? 2°. Après avoir dit que François Turrettin avoit soutenu des Thèses *de Secessione ab Ecclesia Romana* , son zéle mal placé lui fait ajouter que c'est là que Turrettin *s'efforce de justifier le honteux schisme que l'Hérésie a fait faire aux Calvinistes avec l'Eglise Catholique.* Le savant Compilateur , qui fait ici le Controversiste , a-t-il réfuté solidement ces Thèses pour pouvoir tirer cette conclusion contre les Réformés ? Les a-t-il lûes ? Les Jansénistes ne devroient pas lever la pierre contre les Protestans qui ont sécoué le joug tyrannique de l'Eglise Romaine. Ces derniers ne sont pas embarrassés de justifier leur conduite ; mais le ridicule contradiction où les Jansénistes s'envelopent est un labyrinthe d'où ils ne se tireront jamais avec honneur. 4°. Nous nous étions contentés de dire , en un mot , que Mademoiselle de Lenclos , dans une lettre à Mr. de St. Evremont lui aprenoit que Mr. J. A. Turrettin avoit été fort gouté à Paris. L'A. du S. renchérit là dessus en disant ; *La fameuse Ninon Leuclos , si connuë par la délicatesse de son ésprit , & si célébrée sous le nom de* Leontium *dans le Dialogue sur la Musique des Anciens par l'Abbé de Chateauneuf &c.* Tout cela est beau & bon , *sed non erat hic locus.* Nous disons la même chose de la peine inutile que l'A · du S. s'est donnée de raporter le sujet des différentes harangues de M. J. A. Turrettin qui sont entre les mains de tout le monde. Ce n'est pas là bonifier un Article , c'est l'allonger. Il auroit bien mieux valu de faire un supplément des faits qui donnent une juste étendue à l'Histoire de cette famille savante.

5°. Je remarque encore sur l'Article que j'ai sous les yeux que l'A. du S. fait Mr. J. A. Turrettin , *Recteur du Collège de Genève.* Jamais il n'y a eu à Genève de Recteur du Collège ; il y a un *Principal.* Le Recteur est le Chef de l'Académie , mais sa charge lui donne une inspection générale sur le Collège. Plus d'une fois nôtre Compilateur auroit mieux fait de copier mot à mot , que de vouloir traduire nos Articles , pour leur donner un tour plus élégant , mais souvent aux dépens de l'exactitude & de la vérité. Enfin pour sortir de cet Article je ne remarquerai plus que la décision Magistrale de nôtre Aristarque touchant les ouvrages de Mr. Turrettin que la mort vient de nous enlever. L'A. du S. dit que *Presque tout ce que Mr. Turrettin a fait sur la vérité de la Religion Chrétienne en général , & sur la Religion Judaique est excellent.* Ce *presque* paroitra de trop à tous ceux qui auront lû ces ouvrages & qui goutent la vérité. L'A. du S. auroit dû marquer pourquoi il fait cette exception , & qu'elle est la pièce qui lui paroit foible. N'est ce point la Thèse où Mr. Turrettin *prouve que les contradictions ne peuvent pas être cruës* , & celle où il attaque *le Pyrrhonisme de l'Eglise Romaine* , qui ont borné l'éloge que l'A. du S. donne aux ouvrages de Mr. Turrettin ? Ces Thèses sont cependant excellentes , mais trop vrayes pour un Catholique Romain.

Au reste l'A. du S. traduit d'une manière singulière le titre des Thèses que Mr. Turrettin soutint en Hollande. Voici le titre : *Pyrrhonismus Pontificius , sive dissertatio Historico-Theologica de variationibus Pontificiorum circa Ecclesiæ infaillibilitatem.* Cela signifie-t-il *le Pyrrhonisme des Partisans des Papes &c.* Non , mais *le Pyrrhonisme des Catholiques Romains* , qui sont apellés *Pontificii* , parce qu'ils regardent le Pontife de Rome comme le Chef de l'Eglise sur la terre , & le Vicaire de J. C. Si les Jansénistes pensent différemment du Pape ils ont raison ; mais outre qu'ils ne sont qu'une poignée de gens , ce sont des Hérétiques , que la Ste. Mère Eglise frape d'Anathème.

Je pourrois grossir le Catalogue des fautes de tout genre de nôtre Continuateur , quoique je n'aïe parcouru que la moindre partie des Articles qu'il a tirés de l'Edition de Bâle pour les faire rentrer dans sa savante compilation : *Sed ex ungue Leonem.* Il a donc , ce semble , mauvaise grace de reprocher à l'Edition de Bâle de n'avoir pas corrigé toutes les fautes d'impression de celle de Paris ; pendant qu'il introduit lui-même des fautes considérables où il n'y en avoit point. Cependant nous n'eussions pas relevé des fautes , s'il eut été moins indulgent à l'égard de ceux qui n'en ont pas commis de plus impardonnables que celles où il tombe assés souvent.

S'il doutoit de son peu d'exactitude dans des Articles d'une autre espèce & d'être homme & faillible comme le reste du genre humain

[†] *l'auteur du supplement dit à Geneve, non à Zurich.*

re humain , nous lui allons produire quelques-unes de ses bévuës qui le lui prouveront. A l'Article *Adamites* , il renvoye à *Picards*. Mais on a beau l'y chercher on ne le rencontre point. Il auroit trouvé dans l'Edition de Bâle un Article affés étendu sur les *Picards* , tiré des Ecrits d'un Savant , qui a examiné à fond les sentimens & l'histoire de ces prétendus Hérétiques. Dans le Suplément au mot *Tilesiu , Bernardin* , on renvoye à *Tilesio* , qui ne se trouve point. Ce qu'il y a même ici de ridicule , c'est que suivant l'ordre alphabétique du Suplément , l'Article devoit se trouver à la place du renvoi , ainsi le renvoi étoit inutile. Au reste cet Article étoit dans l'Edition de Paris de 1725. & est augmenté dans celle de Bâle.

L'A. du S. donne comme un Article nouveau *Casalpini, André* , cependant on le trouve & beaucoup mieux dans l'Edition de Paris de 1725. sous le nom de *Cesalpin, André*. Il étoit même déja dans le Moréri de 1712. Disons la même chose de *Thaulere, Jean*. L'A. du S. assure que dans le Dictionnaire Historique au mot *Tauler* , on renvoie à *Thauler* , & qu'il ne s'y trouve point. Il faut donc que le savant Abbé ait fait cet examen à la hâte. Cet Article étoit déja dans l'Edition de 1712. Et preuve qu'il étoit dans celle de 1725. c'est que nous l'avons distingué par la marque des Articles amplifiés. Voïés *Taulère, Jean*. L'A. du S. auroit pu tirer de cet Article plusieurs choses essentielles qu'il omet.

Dans l'Edition de 1725. on a fait mal à propos deux Auteurs de *Beveregius , Guillaume* , & de *Beveride , Guillaume*. L'A. du S. commet la même faute , & écrit *Beveride* pour *Beveridge* , quoique ces fautes eussent été remarquées par l'Editeur du Moréri de Bâle , dans l'Avertissement qui est à la tête des Additions qui se trouvent à la fin du sixième Tome. Je prie donc le savant Continuateur de reconnoitre encore un coup qu'il est homme , *homo sum, humani à me nil alienum puto* ; & de remarquer qu'il ne lui convient pas de parler avec tant de mépris d'un ouvrage qui ne lui a pas été inutile , & dont il auroit peut-être mieux fait de tirer plus de profit.

Je puis assurer que dans le nombre affés considérable d'Articles que j'ai confrontés , & que l'A. du S. a emprunté de l'Edition de Bâle , je n'y ai rien trouvé de corrigé qu'une date & un fait , où même je ne crois pas que le Critique ait réussi. Le Lecteur en pourra juger.

L'Edition de Bâle avance dans l'Article de *Bauhin , Jean* , qu'il nâquit à Amiens en 1511. le jour de St. Barthelemi. C'est ce que portent les mémoires communiqués par la famille , qui doit être au fait de cette date. Cependant l'A. du S. a trouvé à propos , sans en dire la raison , de marquer cette naissance d'une manière incertaine à l'année 1505. ou 1506.

Je crois d'avoir découvert la raison de ce changement. L'A. du S. ayant vu 1°. Que la version Latine du N. T. par Erasme ayant paru à Paris en 1532. Bauhin en fut si touché qu'il résolut de quitter l'Eglise Romaine. 2°. Qu'il passa en Angleterre où il demeura trois ans. 3°. Qu'étant de retour à Paris il se maria âgé de 29. ans. Nôtre Critique ayant, dis-je, comparé ces trois dates a cru trouver que la naissance de Bauhin devoit tomber sur les années 1505. ou 1506. Car voici comment il a raisonné, ce me semble ; vers l'an 1532. Bauhin passa en Angleterre , il n'y demeura que trois ans , donc il revint environ l'an 1535. Or il avoit alors 29. ans ; donc il étoit né en l'an 1505. ou dans l'année suivante.

La conclusion seroit juste , si le principe étoit bien prouvé. Mais où est ce que l'A. du S. a trouvé que Bauhin se retira en Angleterre vers l'an 1532. L'Edition de Bâle ne dit rien qui en approche , & cependant c'est l'unique source où le Continuateur a puisé ce qu'il dit de ce Bauhin. L'Edition de Bâle remarque simplement que la version d'Erasme parut à Paris en 1532. mais elle ne dit point dans quel tems Bauhin la lut , ni combien de tems il s'écoula jusques à ce qu'il se fut déterminé à quitter l'Eglise Romaine , & à passer en Angleterre. Une lecture réfléchie de l'Ecriture Ste. ne se fait pas en courant , & on n'abandonne pas , du jour au lendemain , les préjugés de l'enfance , sur tout en matière de Religion. On peut donc supposer fort naturellement que Bauhin , homme d'esprit & lettré , ne fit rien à la legere , & qu'il se passa cinq ou six ans depuis la publication de la version du N. T. jusques au tems auquel ce savant Médecin forma la généreuse résolution de quitter l'erreur , & de sortir de sa patrie où la vérité étoit cruellement persécutée. Il n'y a donc aucune raison de réformer la date fournie par feu Mr. Jean *Louis Bauhin* , Conseiller à Bâle , & qui avoit des manuscrits fort exacts sur tout ce qui regardoit ses ancêtres.

Si la réformation de la date de la naissance de *Jean Bauhin* est téméraire ; le jugement que l'A. du S. porte touchant le changement de Religion du célèbre Médecin est bien plus téméraire encore. ,, Ses liaisons , *dit il* , avec les nouveaux Hérétiques, ,, & *le peu d'étude qu'il avoit fait de la Religion* , le portèrent à re- ,, noncer à la véritable Religion pour suivre les erreurs de son tems ". Mais pourquoi le Controvertiste Historien supprime t-il cette circonstance essentielle , que Bauhin avoit lû le N. T. de la version d'Erasme ? C'est aparemment de peur qu'on n'aprenne que Bauhin avoit tout examiné avant que de décider. Où peut on mieux étudier la Religion que dans l'Ecriture Ste.

Les Janséniftes ne recommandent ils pas fortement la lecture des Ecrits Sacrés ? Si dans l'Eglise Romaine on étudioit l'Ecriture Ste. avec cet amour pour la vérité & ce zéle qui se trouvoient dans Bauhin , surement le parti Catholique feroit tous les jours de grandes pertes. Nôtre Continuateur devroit avoir plus de candeur , de charité , & d'exactitude lors qu'il parle de ceux qui se sont séparés de l'Eglise Romaine.

Venons à l'Article *Morel , Andre* , célèbre Antiquaire , où l'A. du S. prétend prouver deux choses opposées à ce qu'on a dit de ce Savant dans l'Edition de Bâle. 1°. L'A. du S. soutient que *Morel* sortit pour la dernière fois de la Bastille le 30. Aoust. 1689. Au lieu que dans l'Edition de Bâle il est dit qu'il n'en sortit qu'après l'an 1690. 2°. Il soutient que les Seigneurs de Berne ne contribuèrent pas à la liberté de Morel. Cette double affirmation m'a d'autant plus frapé que je savois qu'on tenoit de bon lieu la matière de cet Article. Etant donc à portée de m'informer exactement de la vérité , j'ai écrit à Berne , & voici ce que Mr. le Pasteur *Morel* , fils de l'Antiquaire , a répondu, offrant obligeamment de plus grands éclaircissemens si on les jugeoit nécessaires.

,, Le Sieur André Morel , (l'Auteur du Suplément le nomme ,, *Morelle* mal à propos) Antiquaire , fut arrêté & mis à la Ba- ,, stille , par ordre de Mr. le Marquis de Louvois. La pre- ,, mière fois au mois de Juin 1688. où il demeura un an entier ,, & d'avantage. La seconde fois il y fut mis le 16. ou le 26. ,, Avril 1690. Il y étoit fort resserré sans voir personne que le ,, Gouverneur de la Bastille , & sans oser écrire à qui que ce ,, soit jusques au 19. ou 29. Aoust. qu'il obtint la liberté de ,, recevoir des visites , d'écrire à ses amis & à ses Parens , & ,, de se promener dans le chateau. Pendant ce tems là on fit ,, à Berne tout ce que l'on put pour obtenir sa liberté ; de sor- ,, te que LL. EE. du grand Conseil en conséquence d'un arrés ,, unanime , adressèrent des lettres d'intercession & au Roi & à ,, son Ambassadeur Mr. *Amelot* , pour tâcher de procurer la li- ,, berté de Morel. Ces deux lettres sont datées du 3. ou 13. ,, Juillet 1691. Cependant il ne sortit de la Bastille que le 6. ,, ou 16. Novembre 1691. Ayant ensuite quitté Paris & la ,, France au commencement du mois d'Aoust 1692. il arriva le ,, 19. Aoust à Romainmotier , & quelques jours après à Berne ,, où il demeura jusques au 11. ou 21. Janvier 1694. étant en- ,, suite entré au service du Comte de Schwartzembourg en qua- ,, lité d'Antiquaire. " Je laisse à présent à décider quel des deux récits est le plus probable , & s'il ne paroit pas que les deux faits niés par l'A. du S. sont suffisamment prouvés.

Mais je ne peux quitter cet Article sans faire remarquer que le Continuateur n'est pas moins relaché Casuiste , qu'outré Controversiste , & inexact Historien. Je vais le copier. *Mr. de Villacerf* , dit il , *alla trouver My. Morelle à la Bastille , pour lui offrir la place du défunt* (Mr. Rainssant , Garde du Cabinet des Médailles de sa Majesté) *à condition qu'il embrasseroit la Religion Catholique : mais n'ayant pas voulu accepter cette condition, quelque raisonnable qu'elle fut , ses amis n'eurent plus la permission de le voir , & lui même fut beaucoup plus resserré.* Quoi donc ! est ce une proposition fort raisonnable de dire à un homme , changés de Religion & on vous donnera un emploi ? Ce motif porte-t-il la lumière dans l'ame ? Doit on faire de telles propositions séductrices ? Doit on les écouter quand on respecte la Religion & sa conscience ? Et où est l'équité , la justice , & la reconnoissance de tenir un homme dans une prison étroite , un Suisse qui est regnicole en France , & à qui le libre exercice de la Religion est permis ; un habile homme à qui le Roi a des obligations , & cela parce qu'il est affés vertueux pour ne vouloir pas sacrifier sa Religion à la fortune ? Les Janséniftes trouveroient ils la proposition raisonnable & Chrétienne , si on leur disoit ; *signés la Constitution purement & simplement , & on vous donnera des Evêchés ?*

Après avoir affés voltigé de côté & d'autre en parcourant le Nouveau Suplément , j'ai cru qu'enfin je devois me fixer à une seule lettre , pour voir si la méthode du Compilateur étoit par tout uniforme. C'est à dire , si comme je croyois de l'avoir aperçu par un grand nombre de preuves , il omettoit ordinairement des Articles essentiels ; s'il estropioit toûjours , ou presque toûjours , les Articles qu'il copioit de l'Edition de Bâle , en y glissant de tems en tems des fautes , & en les surchargeant de réflexions ou inutiles ou violentes , au lieu d'extraire , suivant sa promesse , ce qu'il y avoit d'intéressant dans nôtre Edition , & de le donner d'une manière plus utile , c'est à dire , suivant lui , d'une manière plus exacte.

Sans aucune prédilection j'ai choisi la lettre T. qui n'est ni une des plus longues , ni une des plus courtes ; & après l'avoir parcouruë en confrontant l'Edition de Bâle avec le Suplément , voici ce que j'ai trouvé.

1°. Que le Suplément avoit omis les Articles suivans qui regardent ou des grands hommes , ou des familles , ou des choses réelles *Tabari. Tabarita. Taëncas. Taille impot. Tam. Tama. Tannaini. Tanory , Daniel. Tarapi, (de). Taschunti. Taverner , Richard. Taurisilens. Tauvabole. Taviles. Tayler , François. Thanes , (les). Telesphore. Theodat , Frithona. Théodóric, Archevêque de Magdebourg. Théophile , Jurisconsulte Grec. Thaning , Magon. Thomas , Cana. Thomas , Cardinal Anglois.*

Thrasybule

Thrasybule le Tyrique. Thurneiser, Jean Jaques. Tiara, Petrejus. Tilleslei, Richard. Timbues. Tizri. Toga. Toga virilis. Travers, la maison des Barons de. Trautmansdorf. Trevv, Abdias. Tribbecovius, Adam. Tribocciens. Trigland, Jaques. Trivisano, Bernard. Trogmorton, François. Trogmorton, Nicolas. Truman, Joseph. Tubantes. Les trois Tuberon, Q. Ælius. Tukney, Antoine. Tudert, Jean. Tuldenus, Diodore. Tully, Thomas. Tuningius, Gerard. Tvviffe, Guillaume. Tyran. Tyrans les trente. S'il n'y a rien d'intéressant dans ces cinquante-trois Articles, l'A. du S. a prudemment agi en les omettant; mais s'ils ne sont pas moins intéressans que plusieurs de ceux qu'il a inféré dans sa Compilation, pourquoi oser affirmer, d'un ton si positif, qu'il a pris de l'Edition de Bâle tout ce qu'elle avoit d'intéressant, & qui ne se trouvoit point dans les Editions de Paris?

2. Quant aux Articles que l'A. du S. a bien voulu nous faire l'honneur d'emprunter de l'Edition de Bâle, nous n'y avons trouvé aucune correction ni dans les dates, ni dans les noms, ni dans les faits; mais nous en avons découvert un grand nombre de tronqués dans les faits, & dans les sources citées au bas des Articles. On n'a qu'à jetter les yeux sur les Articles suivans en confrontant le Suplément avec l'Edition de Bâle. *Tafilet, Muley, Archy. Taylor, Thomas.* Parce qu'il est remarqué dans cet Article, qu'on apelloit communément Taylor, *le Docteur illumine*; nôtre savant Abbé ajoute, *que c'est là un titre qui avoit ete deja donné à quelques Théologiens de l'Eglise Catholique.* Voilà de l'érudition, & le moïen leur de donner les Articles empruntés d'une manière plus utile. Cent fois nous aurions occasion de faire cette remarque, car nous avons trouvé un très grand nombre d'observations de cette force.

Si l'on en croit l'A. du S. il a tiré l'Article de *Taylor* des *mémoires du tems.* Il nous obligeroit beaucoup de nous aprendre ce qu'il entend par ces mémoires auxquels il se borne, lorsque les Articles de l'Edition de Bâle ne renvoient qu'au Dictionnaire Allemand d'où ils ont été tirés. Les mémoires du tems nous ont paru devoir désigner les nouvelles publiques, & les Ecrits que les familles communiquent. Mais ce n'est guères dans ces sources que l'on puise l'Histoire des Savans, morts depuis plus d'un siècle. Nôtre Continuateur craint si fort de nommer l'Edition de Bâle lorsqu'il en prend quelque Article, ce qui reviendroit fort souvent, qu'il aime mieux citer des mémoires chimériques, ou donner les Articles sans indiquer aucune source. Voïés *Aichstet. Lincoln*, &c. Tel est l'Article suivant *Teutonique*, *l'Ordre*; où il s'agit de la liste des Grands Maitres de cet Ordre; il a même supprime les Maitres Provinciaux de cet Ordre en Prusse. Mais continuons nôtre liste.

Théodore de Santos. Théogamie. Thomas de Jesu. Thomasius, Jaques. Thomasius, Chrétien. Ces deux derniers Articles sont tronqués, & l'on y donne mal à propos en François les titres des Livres qui sont écrits en Latin. Autant qu'on le peut, il faut conserver le titre des ouvrages, afin que le Lecteur puisse les trouver s'il les souhaite. Nôtre Auteur ne manque pas de suivre cette méthode dans les Articles des Ecrivains qu'il chérit. Il l'a fait aussi dans l'Article *Tentzelius Guillaume Ernest*; si cette methode lui a paru raisonnable alors, pourquoi s'en éloigner dans des occasions toutes semblables? Je poursuis; *Tigellius, Tilladet,* où l'on néglige de raporter son caractère. La connoissance des mœurs d'un Ecrivain n'est pas moins instructive que celle de son génie. *Timarete, Tindal, Guillaume. Titius, Gottlieb, Gerhard. Toggenbourg, (le.)* On y retranche quantité de faits; l'action par exemple du Prêtre qui attaqua les Reformés dans leur temple, & l'Histoire des Comtes. On supprime aussi très mal à propos plusieurs des sources citées au bas de l'Article. Autrefois on a cru bonifier les Articles en augmentant la citation des sources où l'Histoire peut être puisée; Nôtre Auteur les rend plus utiles en les retranchant. Les Auteurs que le Suplément cite ici ne contiennent pas tout ce qui est renfermé dans l'Article. Si l'A. du S. veut avouer la vérité il tombera d'accord, qu'ici il ne s'est pas même avisé de recourir aux sources pour voir si l'Histoire étoit exacte. Dans mille endroits il ne s'est pas souvenu de ce qu'il a promis dans sa Préface. Il est vrai que très souvent cela ne lui étoit pas possible, n'ayant pas tous les Originaux sous la main. Sans doute qu'il a présumé qu'après sa déclaration on s'en fieroit à sa parole, ou qu'on la prendroit au rabais. Continuons. *Tograi :* où pour toute amélioration on donne à *Pocok* le titre de Savant. Cet illustre Anglois avoit donc le bonheur d'être estimé par l'Abbé François; aussi *Pocok* entre-t-il dans le nouveau recueil d'après nôtre Edition, où, pour la première fois je trouve qu'il la cite pour remarquer que le livre de Grotius de la vérité de la Religion Chrétienne n'a pas été traduit en Hébreu, comme on le dit dans le Moréri de Bâle, mais en Arabe. Cela est vrai, comme on le voit dans l'Article de *Grotius, Hugues.* L'A. du S. qui a fait des Additions à l'Article de *Grotius,* n'auroit pas du oublier ce que nous y avions ajouté tiré de *Gerard Brandt.* Ce passage fait plus à l'Histoire de Grotius qu'une sèche discussion sur les différentes Editions de son traité de la vérité de la Religion Chrétienne; discussions qui ne font pas du ressort du Moréri. *Toland.* Le Continuateur y fait quelques Additions ou peu certaines ou peu importantes.

Je n'y vois point de corrections, mais des retranchemens essentiels. *Tombes , Jean.* Le Continuateur le tire, *dit il ,* des mémoires du tems. Mais pourquoi ne pas citer *Calamy*, & *Vood,* s'il ne veut pas faire l'honneur à l'Edition de Bâle de dire qu'il le lui doit entièrement? J'en excepte cependant le jugement que le Compilateur porte des Ouvrages de l'Auteur Anglois, en disant *qu'il impute à l'Eglise Romaine des sentimens qu'elle n'a jamais eu sur l'Article du Culte des Saints, qu'il en méconnoissoit les dogmes, & qu'il la calomnia perpétuellement.* Je ne sai si je m'avancerois trop en disant que l'A. du S. juge de tous ces Ouvrages par les titres. Au moins est il seur que puisqu'il accuse *Tombes* d'avoir perpétuellement calomnié l'Eglise Romaine, il devroit en donner quelques preuves. Croit il donc, de bonne foi, qu'on ne peut imputer à cette Eglise aucune erreur, sans donner dans la calomnie? Je le renvoye à Fra-Paolo dans son Histoire du Concile de Trente, traduite & commentée par le P. Courayer. *Tory* ou *Torys*; Non seulement cet Article n'est ni bonifié ni corrigé, mais de plus il est tronqué, & l'on y insère deux remarques que les Anglois ne passeront point à l'Auteur. 1°. Que les maximes des Wighs *sont séditieuses.* 2°. Que les Catholiques n'étoient pas coupables de la conspiration qui fut découverte sous Charles II. Suffit il de le dire pour être cru? L'infaillibilité d'un Enfant de l'Eglise Romaine n'est pas reçue en Angleterre, ni même la prétendue infaillibilité de l'Eglise en Corps. Il faut des preuves. Que nôtre Critique lise, s'il lui plait, ce que Mr. Rapin Thoiras raporte de cette conspiration dans son Histoire d'Angleterre, & qu'ensuite il nous dise qui sont ceux à qui il faut attribuer ce détestable complot.

Tortenson , Léonard. L'A. du S. cite à la fin de cet Article l'Histoire de la vie de Gustave Adolphe, & les Historiens modernes de la Suède, comme s'il l'avoit puisé dans ces sources. Cependant il l'a tiré, pié à pié, de l'Edition de Bâle, où il est dit que cet *Article a été fourni tel qu'il est.* Ces petites ruses, qui se remarquent en une infinité d'endroits du Suplément, ne font pas de la sincérité historique. Elles sentent un peu la Garonne, & en s'y prenant de la sorte on court risque de grossir le Catalogue de Jaques Thomasius, *Index centum Plagiariorum.* On pourroit faire les mêmes observations à l'égard des Articles *Toscane* contrée d'Italie; & *Toscane,* (la Mer de,) pris mot à mot de l'Edition de Bâle & où l'A. du S. cite des sources d'où il n'a rien tiré.

Tossanus , Daniel. Dans l'Edition de Bâle on avoit dit que Tossanus *se voiant accablé des infirmités de la vieillesse, il demanda d'être déchargé de tous les emplois; mais que le Sénat Académique trouva bon de le prier de les garder, & de n'en faire les fonctions qu'autant que sa santé le lui permettroit.* L'A. du S. qui pille nos Articles, en les traduisant à sa manière, a cru que ce tour étoit trop simple & trop bourgeois. Voici comment il lui a plu de s'exprimer. *Etant vieux & infirme, il demanda d'être déchargé de tout emploi: mais le Sénat Académique l'exempta seulement des fonctions, & se contenta de lui demander qu'il les remplit autant que sa santé le lui permettroit.* Etre exempté des fonctions & en même tems être appellé à les remplir autant que sa santé le permet, est un tour d'expression qui paroit d'abord un peu contradictoire; mais n'importe, c'est ainsi que les articles empruntés sont toûjours rendus plus utiles par de nouveaux examens. Les deux articles suivans *Tossanus,* Paul, & *Tossanus,* Daniel, sont donnés par l'A. du S. sans citer aucune source, quoiqu'elles se trouvent dans le Moréri de Bâle, où l'on n'a jamais manqué de les citer fidèlement dans tout ce qu'on y a ajouté. *Tozzi, Luc. Trésoriers de France. Tommius, Abraham. Truchet, Jean. Truchses, la Charge de,* ont été copiés sans qu'il paroisse qu'on les ait bonifiés en rien. Pour *Truberus, Prime,* on ne peut pas nier qu'il n'ait été manié par l'A. du S. En voici les preuves. 1°. Il dit que Truberus *étant Chanoine de Laybach, se laissa corrompre par les nouveautés profanes, que St. Paul recommande tant d'éviter.* Il auroit mieux dit, s'il avoit avoué que *Truberus* avoit quitté les nouveautés profanes qu'on avoit introduites dans l'Eglise, comme St. Paul l'avoit prévu en écrivant à Timothée, 1. Ep. chap. 4. v. 1. 2. 3. 2°. L'A. du S. trouve que Truberus fut bien hardi de *prêcher dans la Cathédrale de Laybach même les erreurs de Luther touchant la Communion sous les deux espèces, & sur le mariage des Prêtres.* Est ce donc que nôtre savant Compilateur, qui fourre par tout la Controverse à tors & à travers, croit que la Communion sous les deux espèces, & le mariage des Prêtres sont deux erreurs Luthériennes? Cette Doctrine est elle due à Luther? L'Ecriture Ste. & l'Histoire Ecclésiastique sont elles inconnues jusques à ce point à l'Erudit Auteur du Suplément? Ignore-t-il de quelle manière ces questions furent agitées dans le Concile de Trente? Combien de Nations reclamèrent la Coupe, & la permission que les Prêtres pussent se marier? Si les Espagnols ne s'étoient pas ligués pour retenir ces deux pratiques absurdes, pour ne rien dire de plus, la Communion sous une seule espèce, & le Célibat des Ecclésiastiques; & sur tout si l'on n'avoit pas fui avec soin de donner le moindre gain de cause aux Protestans, ces deux pierres de scandale auroient été enlevées. L'Historien du Concile de Trente, *Fra-Paolo,* sera mon garant. Au reste, il faut pourtant avouer que l'A. du

S.

S. a tiré quelque chose de la Bibliothèque Sacrée de Jaques le Long pour allonger l'article de Truberus. L'article *Turrian, François*, est beaucoup plus étendu dans le Suplément que dans l'Edition de Bâle. Mais cependant il y a un endroit où l'on auroit du mieux profiter de nôtre Edition, comme plus conforme à la vérité. Nous avions dit après Mr. Teiffier, que le P. Paul rapporte que Turrian étant au Concile de Trente, s'emporta extrêmement contre ceux qui demandoient la Communion sous les deux espèces, disant que le Démon, qui se transformoit en ange de lumière, poussoit le peuple à demander une coupe empoisonnée sous prétexte de demander le sang de J. C. L'A. du S. se contente de dire que Turrian *s'opposa beaucoup à la concession de la communion sous les deux espèces.* Ce n'est pas dire assés. Il faloit ajouter que la passion & l'aveuglement le portèrent à proférer des paroles scandaleuses. Je ne doute point que l'A. du S. ne soit choqué du discours de Turrian : mais il n'est pas moins vrai que ce Jésuite a eu le front de le prononcer. L'Histoire du Concile de Trente le dit en termes formels. *François Torrez, Jésuite*, dit le P. Paul, liv. 6. tom. II. p. 236. de la traduction du P. Courayer, *rapporta à cette occasion un mot du Cardinal de St. Ange, Grand-Pénitencier, qui avoit dit ; que Satan qui avoit coutume de se transformer en un Ange, & ses Ministres en Ministres de lumière, pour tromper les fidèles, faisoit présentement présenter au peuple une coupe de poison sous le voile du calice du Sang de J. C.*

Le Caractère que l'A. du S. nous donne de Turrian paroit mal assorti, & renferme quelque contradiction. *C'étoit*, dit il, *un homme d'une grande lecture, & d'assés bon sens, mais il n'avoit pas un gout sur, & étoit assés mauvais Critique, Traducteur, & Controversiste.* Un homme qui a assés bon sens, peut il être un *assés mauvais Critique, Traducteur & Controversiste?* L'A. du S. auroit peut être mieux fait de s'en tenir à la décision du Cardinal du Perron qui dit : ,, que Turrian étoit un bon ,, homme, & propre à feuilleter les manuscrits, mais qu'il ,, étoit merveilleusement ignorant en ce qui est des tems, & ,, qu'il avoit le plus mauvais jugement de ceux qui ont écrit ,, de son siècle. " Du Perron étoit donc bien éloigné de croire que ce Jésuite étoit un homme *d'assés bon sens.*

Jusques ici je crois d'avoir donné d'assés bonnes preuves que l'A. du S. s'est trop avancé dans sa Préface quand il a déclaré au Public, qui mérite sans doute d'être respecté, qu'il avoit tiré de l'Edition de Bâle tout ce qu'elle avoit d'intéressant qui lui étoit propre, & que les articles qu'il en avoit empruntés se trouvoient aujourd'hui dans le Suplément d'une manière plus utile.

Mais ce ne sont pas là les seules preuves que je trouve dans la lettre T. que la Préface du Suplément de Paris n'accuse pas juste. 1°. Je découvre un grand nombre d'Articles nouveaux de Géographie, ancienne & moderne, qui n'ont point été insérés dans le Suplément. J'en ai trouvé quatre-vingts seize de compte fait, entre lesquels il y en a d'assés considérables. Tels sont entr'autres; *Tametavi. Taricarville. Tanchut. Tayiven. Teisterland. Tell dans la Valteline Teisperg ou Delémont. Temecen. Tepeaca. Thanet. Thann. Theraphné. Thermopyles. Thierstein. Thomand, Comté. Thurgovie. Thurium. Tifex. Topinambe. Toul, Evêché. Tour de Londres. Tritoli, (les bains de.) Truec. Tubingue, Comté.* 2°. J'ai remarqué un bon nombre d'Articles de Géographie ou augmentés ou refondus, d'où le Suplément n'a rien pris. J'en trouve soixante & dix, & l'on pourra juger par les suivans que les Additions qu'on y a faites ne sont pas si méprisables qu'on puisse dire qu'elles ne renferment rien d'intéressant. *Thabor, ville de Bohême. Tamise. Tarichée. Tarse. Temesvvar. Tenedos. Thermia. Thorn. Turinge, (la.) Tibériade. Tine. Tocat. Tonnerre. Torgau. Transylvanie. Tubingue, ville. Tyr.*

Enfin, dans la lettre T. il y a cinquante-huit Articles Historiques augmentés d'où l'A. du S. n'a pas jugé à propos de tirer quoique ce soit. Cependant il y en a plusieurs qui sont augmentés considérablement & d'une manière qui nous a paru essentielle. Tels sont les suivans. *Taborites. Talion. Talmud. Talmudistes. Tancrede. Tarpa. Taylor, Jeremie. Té, ou Thé. Temple, Guillaume. Temple du Soleil. Temple du vrai Dieu. Test. Tetzel, Jean. Thales. Philosophe. Thamuz. Themistocles. Théodore de Cantorberi. Theodotion. Theophile de Viau. Therapeutes. Therèse. Tibere Tiraqueau, André. Tite. Tite Live. Tobie. Tournefort. Tibre. Tricaud, (François de.) Tronchin, Theodore. Tronchin, Louis. Tschudi, Gilles. Turcomans. Turcs. Turlupins. Turnebe, Adrien. Typot, Jaques.*

Si à ces deux cens vingt quatre Articles on joint les cinquante trois Articles Historiques nouveaux que j'ai spécifiés en commençant l'examen de la lettre T. on verra que l'A. du S. a omis dans cette seule lettre, deux cens soixante & dix sept Articles ou nouveaux ou amplifiés. Et comme il a suivi par tout la même méthode, on peut comprendre combien est considérable le nombre des Articles qu'il a omis. D'où je peux tirer de nouveau, & d'une manière, ce me semble, démonstrative, la conséquence que j'ai eu occasion d'inférer plus d'une fois de cet examen, je ne fais beaucoup que l'A. du S. est accusé juste, lorsqu'il a dit qu'il avoit pris, de l'Edition de Bâle tout ce qu'elle avoit d'intéressant, & qu'il l'avoit même donné d'une manière plus utile.

Mais ce n'est pas là l'unique conséquence que je crois être en droit de tirer de la courte revue que je viens de faire. L'A. du S. ne trouvera pas mauvais que je conclue du nombre considérable d'Articles nouveaux qu'il a puisés dans nôtre Edition, que la plume qui inséra une lettre dans le Journal de Trevoux, du mois de Février 1734. pag. 363. pour décrier le Moréri de Bâle en jugeoit sans connoissance de cause, ou servoit contre ses lumières l'avidité de quelques Libraires.

Je ne sai si l'A. du S. connoit l'Ecrivain de cette lettre trop légèrement hazardée, & qui lui attira une réponse. Elle se trouve dans les Journeaux de Trevoux du mois de Juin 1735. pag. 1138. & elle a du lui ouvrir les yeux. Quoiqu'il en soit, voici ce qu'on a ose débiter avec beaucoup de hauteur & de confiance ; *que les Additions qu'on a faites à l'Edition de Bâle, ne servent pour la plûpart qu'à tirer de l'obscurité quantité de Ministres Luthériens, Calvinistes & Sociniens que ceux même de leur Secle avoient oubliés depuis long-tems : & que les Articles amplifiés ne regardent que des Auteurs de ce caractère.* Je m'abstiens de donner à cette imputation les titres qu'elle mérite. Il me suffit que l'A. du S. qui surement ne paroit point entêté de nôtre Edition, ait prouvé l'absurdité de la décision de l'Epitre anonime, puisqu'il ne désavoue pas d'avoir emprunté de l'Edition de Bâle des Articles intéressans. Il est même seur qu'il en a pris un très grand nombre de toute espèce, jusques là que je trouve sous la main quatre pages de suite dans son Suplément toutes puisées dans l'Edition de Bâle. Ce sont les Articles, *Rennel, maison illustre. Renty. Requesens. Requêtes de l'Hotel du Roi. Resenius.*

Avant que de finir je ferai encore quelques observations. La première que l'Edition de Paris de 1725. qui sert de base à celle de Bâle étoit la meilleure qu'on eut alors, quoique l'A. du S. avance dans sa Preface que c'étoit *la moins exacte.* Je ne me servirai que de l'aveu du Continuateur pour prouver ce que j'avance. Car voici ce qu'il dit dans l'Article *Moréri, Louis ;* où il donne un abregé de l'Histoire du Dictionnaire Historique à l'exemple de ce que nous avions fait fort au long dans la Préface du même Ouvrage. *La sixième Edition*, dit le savant Abbé, *du Dictionnaire Historique parut en 1725. à Paris en 6. Volumes in Folio. Mr. de la Barre de l'Académie des belles lettres, & Mr. l'Abbé le Clerc y ont fait un assés grand nombre d'Additions, & quelques corrections & suppressions, & Mr. Vailly, Avocat, a retouché en quelques endroits les généalogies.* Mr. l'Abbé le Clerc dans sa Bibliothèque du Richelet de 1728. spécifie un peu mieux tout ce qu'on avoit fait pour bonifier l'Edition de 1718. ,, Mr. Louis François Joseph de la Barre, né ,, à Tournai en 1688. a pris soin de l'Edition qui a paru à Paris ,, en 1725. Il s'est attaché particulièrement à réformer la ,, Chronologie & l'Histoire ancienne, aussi bien que la Géo- ,, graphie &c. Il n'a point touché à la partie Généalogique ,, dont Mr. Vailly, Avocat, a pris soin. Laurent Joffe le ,, Clerc avoit fourni cinq à six mille corrections pour la même ,, Edition de Moréri. " Est ce donc que ces Additions & corrections nombreuses de toute espèce ne durent pas bonifier sensiblement l'Edition de 1718. Donc celle de 1725. étoit la meilleure que Jean Brandmuller put choisir.

Ma seconde remarque va même jusques à soutenir que l'Edition de Bâle est plus complette & plus utile que celle de 1732. de Paris. Ecoutons l'éloge que l'A. du S. fait de la dernière Edition que les Libraires de Paris ont procurée. *On réimprima*, dit il, *à Paris l'Edition de 1725.* (Sur quoi il faut remarquer que même à Paris on jugeoit que cette Edition étoit la meilleure qui eut paru jusqu'alors en France: donc l'A. du S. ne devoit pas avancer que c'étoit la moins exacte) *qui parut à la fin de Février 1732. en 6. Volumes in Folio. Presque toutes les Généalogies y sont rétablies dans la vérité par Mr. de Lavaux, & de plus on y a fait au moins mille corrections sur les autres Articles.*

Je ne veux rien retrancher à cet éloge ; mais malgré cela on persuadera difficilement que mille corrections, & tout ce qui a été retouché dans les Généalogies, soit comparable à plus de six mille Articles ou nouveaux ou refondus, ou sensiblement augmentés qui se trouvent dans l'Edition de Bâle sans compter les corrections répanduës dans l'ouvrage, (sur tout dans la seconde Edition de Bâle qui paroit n'être pas connuë à l'A. du S.) qui ne sont pas en si petit nombre que l'A. du S. voudroit le persuader, comme il seroit aisé de s'en convaincre. Nous présumons que ceux qui compareront les deux Editions sans partialité, en porteront le même jugement que nous, qui agissons surement en ceci de la manière la plus désintéressée, ne cherchant ni gloire ni profit.

Il faut que tout de suite j'édifie l'A. du S. au sujet de ce qui a été dit de l'Edition de 1732. de Paris, dans une lettre insérée dans les Journeaux de Trevoux. J'ai découvert par hazard la plainte du Continuateur en parcourant l'Article *Moréri, Louis,* qui me tomba sous la main sans le chercher. Voici ce que j'y lis. *C'est contre toute vérité qu'il est dit dans une lettre prétendue du Sieur Brandmuller, Libraire à Bâle, insérée dans les memoires de Trevoux du mois de Juin 1735. que l'on ne trouve pour toutes corrections dans cette Edition de 1732. que quelques notules de parti.*

J'avoue que je ne m'attendois pas que l'A. du S. eut relevé
un

un déguifement avec tant de force, lui qui s'en permet un bien plus confidérable en ofant foutenir qu'il a pris tout ce qu'il y avoit d'intéreffant dans l'Edition de Bâle, quoi qu'il ait omis pour le moins les deux tiers des Articles.

Loripedem rectus derideat, Æthiopem albus,
Quis tulerit Gracchos de feditione querentes?

Mais l'Auteur de la lettre ne prétend pas fe juftifier par cet endroit. Les mauvais exemples ne font pas une règle dans fa morale. Il foutient que l'A. du S. n'a pas extrait fidèlement ce qui fe trouve dans la lettre dont il s'agit. Je trouve en effet que l'Auteur de la lettre y parle en deux endroits du prix de l'Edition de 1732. *Nous favons*, dit il, *que l'Edition de Paris de 1732. ne diffère que très peu de celle de 1725. qu'il n'y a aucun Article nouveau, & que les corrections y font en petit nombre.* Ailleurs il ajoute; *qui voudroit fans fe faire fifler faire entrer en comparaifon quelques notules, quelques réflexions; où les préjugés de parti s'aperçoivent du prémier coup d'œil, & qu'on a tirées de l'Edition de 1718. pour les faire glifler dans celle de 1732. avec plus de cent feuilles d'additions confidérables de tout genre puifées dans les meilleures fources & fans partialité, que j'ai ajoutées à l'Edition que j'ai donnée.*

L'Auteur du Suplément n'eft donc pas exact lorfqu'il attribuë à l'Auteur de la lettre d'avoir dit que l'on ne trouve *pour toutes corrections dans l'Edition de 1732. que quelques notules de parti.* C'eft tronquer le paffage; quoiqu'en le donnant en italique il paroiffe qu'on veut rapporter les propres termes de la lettre. On voit clairement que l'Auteur de la lettre avouë qu'on a fait des corrections dans l'Edition de Paris & quelques notules. Si on a nommé ces remarques des notules, ce n'eft pas pour en ravaler le prix, mais c'eft en les comparant avec les longues additions faites dans l'Edition de Bâle. Dans ce fens on ne peut les envifager que comme des notules. Pourquoi donc ne cite-t-il que la troifième efpèce d'Additions? Eft ce pour avoir occafion de fe vanger, & de médire de l'Auteur de la lettre? C'eft là furement une chètive fatisfaction, qu'une ame génereufe & Chrétienne ne lui enviera jamais. Que l'A. du S. voïe donc à préfent fi l'on ne pourroit pas retorquer contre lui, & avec juftice cette vive exclamation dont il fe fert fort mal à propos contre l'Auteur de la lettre; *Croit on en impofer ainfi au Public qui a des yeux, & qui voit le contraire en une infinité d'endroits?*

Ma troifième remarque regarde la manière dure, peu polie, & peu Chrétienne avec laquelle l'A. du S. parle des Auteurs Proteftans, & de leur Religion. S'il parle de ceux qui quittent l'Eglife Romaine ce font des Apoftats; les Reformateurs font des Héréfiarques, les Auteurs Proteftans font des Hérétiques, qui naiffent & qui meurent dans l'Héréfie; leur Religion eft une fauffe Religion, une prétenduë Réforme. Les épithètes flétriffantes, les termes de mépris & d'averfion ne manquent pas à l'éloquent Abbé. Ce font les fleurs de fa Rhétorique Chrétienne.

J'aurois cru que les réflexions que l'on a faites dans la Préface du Moréri de B. l'auroient rendu plus circonfpect, en le convainquant que ces invectives ne prouvent rien, qu'elles ne font point honneur à celui qui s'en fert, & qu'il n'y a point d'Ouvrages où elles conviennent moins que dans un recueil hiftorique & géographique fait à l'ufage de tous ceux qui favent lire de quelque Religion qu'ils foient.

Qu'auroit dit nôtre illuftre Abbé, fi dans le Moréri de Bâle on avoit traité le Pape d'Antechrift, l'Eglife Romaine de prétenduë Catholique, de Babylone myftique; fi on lui avoit donné le titre d'idolatre, de perfécutrice, de facrilége, qui s'attribuë à faux le droit d'infaillibilité qui n'appartient qu'à Dieu, & à ceux qu'il a infpirés d'une manière immédiate? Qu'auroit il dit, fi en parlant des Auteurs Catholiques Romains on les avoit appellés Papiftes, fauteurs des fuperftitions puifées dans le Sein du Paganifme, des aveugles Conducteurs d'aveugles? Les Réformés ont prouvé mille fois que ces qualifications conviennent à l'Eglife Romaine, fans qu'on leur ait rien repliqué de folide. Cependant nous avons évité, jufques au fcrupule, en parlant de l'Eglife Romaine & de tout ce qui la regarde, d'ufer d'aucun terme offençant, nous bornant à citer les faits. Il faut que l'A. du S. ait de tout autres principes. *Non equidem invideo, miror magis.* Je ne fai fi les perfonnes modérées de fon Eglife lui donneront de grands éloges à cet égard. Il femble que cet Ecrivain, d'ailleurs habile, & qui écrit bien, eft fujet à donner dans l'excès foit qu'il louë foit qu'il blame. Les loüanges qu'il a prodiguées à pleines mains aux Auteurs du Port-Royal lui ont attiré des mortifications. Son Suplément a été arrêté dès fa naiffance, par le parti Conftitutionnaire, & il a été obligé de faire des Cartons pour plufieurs Articles. C'eft ce que j'apprends des nouvelles Litteraires, inférées dans le tom. 23. de la Bibliothèque Françoife pag. 186. *Cet ouvrage, eft il dit, en parlant du Suplément; cet ouvrage a été arrêté à caufe des éloges que l'Auteur a donnés à tous les Auteurs du Port-Roïal. On y a mis plufieurs Cartons.* Ce que la force lui a fait faire par rapport aux Auteurs Janféniftes; l'équité, la politeffe françoife, la douceur & la charité Chrétiennes auroient dû le lui faire exécuter à l'égard de plufieurs articles des Proteftans. Il auroit dû les cartonner, après les avoir relus de

fang froid. Peut-être a-t-il cru que le mal qu'il difoit des Réformés le mettoit en droit de publier des Janféniftes tout le bien que fon cœur lui dictoit. Mais il s'eft fort trompé. Les Jéfuites veulent bien qu'on maltraite nos Auteurs, mais ils ne peuvent fouffrir qu'on louë les Ecrivains du Port-Royal. C'eft l'ancienne rufe des Janféniftes de fe déchainer contre nous pour ne pas paroitre pancher du côté du Calvinifme. L'A. du S. qui a tout lu n'ignore pas fans doute ce que Mr. Jurieu a écrit, *dans l'efprit de Mr. Arnaud*, où il a dévoilé tous les artifices de ce grand Arcboutant du Janfénifme. Que les Janféniftes ne s'y trompent pas, s'ils font difciples de St. Auguftin, fur la matière de la grace, ils doivent fur cet article reconnoitre Calvin pour frère. Les Jéfuites en font bien perfuadés, malgré les frivoles diftinctions des Janféniftes.

Lorfque l'A. du S. juge des ouvrages & du Salut des Proteftans il ne garde fouvent aucune mefure. La feule paffion eft le flambeau de fa Critique. Je vais me borner à deux preuves de peur d'être trop long. Dans l'article *Drelincourt* (Charles), l'A. du S. aïant cité les titres de plufieurs livres du Miniftre Réformé, finit brufquement en difant; *il y a plufieurs autres ouvrages encore plus remplis de préjugés & de faux raifonnemens.*

Mais 1°. Pourquoi ne pas citer les titres de ces ouvrages? En agit il ainfi quand il eft queftion des Livres de *Mr. Arnaud, Nicole*, &c. Il raporte tout avec une complaifance infinie jufques à la moindre brochure. Les Livres des Réformés n'entrent ils pas dans l'Hiftoire de leur vie? Et croit il que les Ouvrages de nos Savans méritent moins d'être connus que ceux des Ecrivains du Port-Royal? 2°. Qui lui a dit que les Livres qu'il omet font encore plus remplis de préjugés & de faux raifonnemens, que ceux dont il rapporte le titre? Les a-t-il lus? Les a-t-il comparés entr'eux? Seroit-il en état de répondre, avec tout l'efprit & le favoir qu'il a, aux difficultés que Mr. Drelincourt a accumulées contre la Doctrine de l'Eglife Romaine?

L'Auteur du Suplément donne dans cet article une preuve évidente qu'il juge des chofes qu'il ne connoit point; car après avoir dit que Mr. Drelincourt avoit fait un Livre *de l'honneur dû a la bienheureufe Vierge*, contre l'Evêque de Bellay: Notre Critique ajoute *que l'Evêque n'avoit jamais attaqué cet honneur dû à la Ste. Vierge.* Cette remarque eft rifible. Eft ce donc que Mr. Drelincourt a écrit pour prouver à Mr. de Bellay qu'on doit honnorer la Ste. Vierge? Il faut n'avoir jamais vu le Livre dont on parle, & ignorer profondément l'Hiftoire de cette difpute entre l'Evêque de Bellay, & le Miniftre de Charenton. La voici en peu de mots.

Une Dame illuftre, favoir Catherine de Champagne, Marquife Douairiere de la Mouffaye, engagea Mr. Drelincourt d'écrire fur l'honneur dû a la bienheureufe Vierge. Il le fit en peu de mots, & cette brochure de 36. pages fut imprimée. Elle tomba entre les mains du Grand Controverfifte Mr. de Bellay, plus redoutable aux Moines qu'aux Proteftans. L'Evêque le Camus prit occafion de cet écrit de propofer quelques demandes au Miniftre touchant la qualité & le nom de l'honneur que les Réformés rendent à la Ste. Mère de nôtre glorieux Sauveur. Mr. Drelincourt répondit à ces queftions, & à fon tour il en fit à l'Evêque pour lui demander fes fentimens fur de certaines loüanges exceffives qui fe trouvent dans plufieurs ouvrages de divers Auteurs Catholiques très aprouvés. L'Evêque répondit pour foutenir la pratique de fon Eglife & le Miniftre repliqua. Voilà comment s'engagea la difpute. L'A. du S. devoit lire les ouvrages dont il parle, ou garder un profond filence fur ce qu'ils renferment. S'il avoit examiné cet écrit de Mr. Drelincourt contre Mr. de Bellay, il auroit vu que le Grand Evêque n'eft qu'un petit garçon en préfence du Miniftre; & que les Arnaulds, & les Nicoles auroient été bien embaraffés de répondre aux queftions du Pafteur de Charenton, fans renoncer aux difcours prophanes & fcandaleux des dévots indifcrets de la Ste. Vierge, qui eft fouverainement deshonnorée par ceux qui raviffent la gloire duë à Dieu feul, & au Sauveur du Monde, pour en couronner la Vierge qui détefte tout honneur ufurpé.

Ce que je trouve dans l'Article *Quefne* (Abraham du), à la fin du fecond Tome du Suplément me paroit encore & plus dur & plus inexact que tout ce que j'ai rapporté. Après avoir pris de l'Edition de Bâle ce qu'il dit de ce grand homme, voici les réflexions que l'A. du S. fait fur l'épitaphe & auxquelles, j'en fuis affuré, le Lecteur ne s'atend pas.

,, On voit bien, *dit il*, que c'eft un Proteftant qui eft l'Au-
,, teur de cette épitaphe; (*Quel effort de Critique!*) Il y fauve
,, celui que l'Ecriture nous apprend ne pouvoir être fauvé fans
,, la Foy qui ne fe trouve point hors de l'Eglife Catholique.
,, (*Belle pétition de principe!*) Il y appelle vraie Religion celle
,, qui a renoncé à ce qui en fait l'ame & la vie. (*C'eft ce qui eft
,, en queftion Monfieur l'Abbé.*) Il s'étonne fans raifon que l'on
,, n'ait point érigé de monument dans nos Eglifes à un homme,
,, qui quelqu'eftimable qu'il ait été d'ailleurs par fes grandes
,, qualités, & par les fervices qu'il a rendus, a vécu, & eft
,, mort dans une Secte que l'Eglife même anathématife après
,, l'Evangile & J. C. (*Pour cela j'en tombe d'accord, l'Eglife Romaine anathématife l'Eglife Réformée après avoir anathématifé l'E-*
van-

vangile & J. C.) & qui n'en reconnoit point d'autre pour fon Epoufe. (*Oh! il feroit curieux que l'on nous produifit une déclaration de J. C. par laquelle il ne reconnoit que l'Eglife Romaine pour fon Epoufe.*)

Si un petit Miffionnaire, dans un Sermon de Village, déclamoit de la forte, je le lui pardonnerois. Mais qu'un Abbé, qu'un fameux Ecrivain, hazarde ces pitoïables remarques dans un Livre où il ne s'agit point de Controverfe, c'eft ce qui me furprend. Il auroit bien mieux fait en qualité de fidèle hiftorien de rapporter la raifon pour laquelle Mr. du Quefne fut contraint de refter en France, & d'indiquer les véritables fources où fe trouvent ces remarques & l'épitaphe, au lieu de nous venir citer les memoires du tems, & le Mercure de France.

On voit par les réflexions de l'A. du S. qu'il damne fans miféricorde tous ceux qui font anathématifés par l'Eglife Romaine. Et que feront donc les pauvres Janféniftes? Ce font des Hérétiques auxquels on refufe les Sacremens *in articulo mortis*; & que l'Eglife Romaine pourfuit à toute outrance. La Bulle *Unigenittus* eft aujourd'hui la Doctrine reçuë dans l'Eglife Romaine. Or les Réformés n'ont jamais parlé plus fortement contre les erreurs de cette Eglife que les Janféniftes ont déclamé contre la fameufe Bulle. Se peut il rien de plus fatyrique que l'*Almanach du Diable*, qui furement ne part point de la famille de Loyola. En particulier, voici comment ce *virulent* écrit qualifie la Bulle dans le mois de Mars, Article XIII.

,, Deux grands partis qui fe difent Chrétiens,
,, Continueront de fe faire la guerre,
,, Pour un miférable *Chiffon*,
,, Sur qui depuis vingt ans chacun d'eux fe chamaille.
,, Par efprit de Religion.
,, Mais ils ont très grand tort car ce n'eft rien qui vaille,
,, Auffi l'ouvrage eft il de ma façon.

C'eft à dire de la façon du Diable. Si des Réformés tenoient ce langage qu'en penferoit on dans l'Eglife Romaine? Eft il plus pardonnable dans la bouche d'un Janfénifte? Les Janféniftes doivent ils fe croire attachés à l'Eglife, pendant qu'ils en condamnent la Doctrine & que l'Eglife les excommunie? Que l'A. du S. réfolve donc ce fyllogifme en fuivant le principe dont il fe fert contre les Réformés.

Ceux qui font anathématifés par l'Eglife Romaine font en état de damnation. Or les Janféniftes font anathématifés par l'Eglife Romaine; Et ici toutes les diftinctions font de vains fubterfuges.

Donc &c. je lui laiffe tirer la conclufion, & je le prie de la bien digérer. En vérité la charité de l'A. du S. eft bien cruëlle. Qu'il pèfe ces paroles de nôtre grand Maitre; Matth. 7. v. 2. *On fe fervira pour vous de la mefure, dont vous vous ferés fervi pour les autres hommes.*

La paffion s'étoit fi fort emparée de l'A. du S. lorfqu'il écrivoit ces belles & édifiantes réflexions, qu'il n'apercevoit pas ce qui étoit fous fes yeux. Il vient nous dire que l'Auteur de l'Epitaphe s'étonne qu'on n'ait point érigé de monument à Mr. du Quefne dans les Eglifes Romaines. Et ou trouve-t-il cela? Voici le paffage de l'Epitaphe.

> *Verum fi quæras*
> *Cur fortiffimo Ruytero*
> *Superbum erectum fit Maufoleum,*
>   *Ruyteri victori*
>   *nullum,*
> *Refpondere vetat late*
>   *Regnantis reverentia.*

On fe plaint fimplement ici, de ce que Ruyter vaincu par du Quefne, ayant un Maufolée, le vainqueur n'en avoit point. Mais on ne dit pas qu'on devoit le lui ériger dans les Eglifes. Cette prétention feroit des plus abfurdes, & l'Auteur de l'Epitaphe étoit incapable de ce travers. Mais la Religion Romaine déffend elle de dreffer, dans un lieu vulgaire, un monument glorieux à la réputation d'un grand homme de Religion contraire?

Je m'attendois à trouver dans le nouveau Suplément quelques morceaux curieux; comme une hiftoire abregée des mouvemens qu'a caufés la fameufe *Conftitution*, & la vie de *Marie Marguerite Alacoque*, pour contrafter avec celle de *l'Abbé Paris*. Mais je n'y ai trouvé que le dernier Article; fans doute parce que les deux autres ne font pas des Sts. du Calendrier du Port-Royal. Ce qui m'a le plus furpris, c'eft que dans l'Article du St. Abbé on ne dit pas un mot de fes miracles, & de tout le fracas que les convulfions ont caufé.

Je n'ofe prefque plus après cela me plaindre de ce que l'A. du S. a mutilé la plûpart des Articles de nos Auteurs, puis qu'il n'a pas traité plus favorablement un St. Janfenifte, & un St. des plus célèbres. Mais je doute que ces omiffions ayent le même motif pour principe. Nos Auteurs, pour la plûpart, ont été traités fort cavalièrement parce que ce font des Hérétiques, à qui l'on croit même faire beaucoup de grace de les laiffer entrer dans un St. Livre Catholique. Il eft vrai qu'ils n'y paroiffent qu'avec des marques flétriffantes & comme d'indignes excommunies.

A l'égard du St. Abbé on peut avoir fupprimé la partie brillante de fon hiftoire, non pas par modeftie, car il ne s'agit pas de faire des complimens lorfqu'il eft queftion des actions des Saints, mais fuivant les apparences c'eft parce qu'on a apréhendé que les R. P. Jéfuites, qui ne croient pas à St. Paris, ne fiffent cartonner l'Article. Il ne faut pas fe mêler d'écrire l'Hiftoire lorfque la paffion ou la contrainte empêchent de dire la vérité. Les hiftoriens fidèles fe trouvent rarement en pays d'inquifition. Les Prévots & les Marivaux, Auteurs polis mais Romanefques, y font bien plus en fureté.

Au refte, malgré tout ce que j'ai pris la liberté de relever dans le nouveau Suplément, je fuis perfuadé que ce riche recueil eft très curieux & très utile. Je me ferois même tu fi l'Auteur ne m'avoit forcé de parler. Il pouvoit, s'il l'avoit voulu, garder un profond filence fur l'Edition de Bâle, ou fe borner à dire qu'il en avoit pris tout ce qu'il avoit jugé à propos d'en tirer. Cela lui étoit permis fans que nous euffions pu nous plaindre de fon procédé.

Mais fuivant les apparences les Libraires demandoient quelque chofe de plus. Il faloit pour leur complaire foutenir hautement qu'en avant l'Edition de Paris de 1732. & le nouveau Suplément, non feulement on auroit tout ce qui eft dans l'Edition de Bâle, mais beaucoup plus & en meilleur état; & par conféquent que les particuliers feroient une folie de rechercher le Moréri Bâlois. Dans cette vuë l'A. du S. s'eft vu contraint de foutenir, fans pudeur, que l'Edition de Bâle étoit très fautive, qu'on en avoit tiré tout ce qu'elle avoit d'intéreffant, & que tous ces emprunts avoient été bonifiés. A mon tour j'ai cru que j'étois obligé de m'infcrire en faux contre une telle déclaration, en montrant que la vérité y eft fenfiblement bleffée. Je préfume d'en avoir donné d'affés bonnes preuves; fans avoir cependant allégué toutes celles que je pourrois fournir.

à Bâle ce 31. Juillet 1737.